ROUTE

Du même auteur

Chez Bookless-Editions :

« *Ignominie amour* » (2017)
« *Comment réussir sa vie sans être une rock star* » (2016)
« *Un homme sans quête est un vélo sans roue* » (2016)
« *Un petit roi* » (2015)
« *Comment faire pour rencontrer quelqu'un* » (2014)

Aux Editions Jacques Flament :

« *Le bunker* » (2016)
« *Comment devenir écrivain Anti-mode d'emploi* » (2014)
« *Pères et fils* » (2012)
« *Une gueule d'ange* » (2012)
« *Instinct de survie en milieu hostile* » (2011)

Aux Editions du Seuil :

« *Le vieux* » (nouvelle) dans « *Les crimes de la rue Jacob* », recueil collectif (1999)

CARNET DE ROUTE

Année zéro

Eric SCILIEN / BOOKLESS Editions

ISBN-13 : 978-1975749095

ISBN-10 : 197574909X

2ème trimestre 2018

© Eric SCILIEN / BOOKLESS Editions

Le Code de la propriété intellectuelle interdit les copies ou reproductions destinées à une utilisation collective. Toute représentation ou reproduction intégrale ou partielle faite par quelque procédé que ce soit, sans le consentement de l'auteur ou de ses ayants cause, est illicite et constitue une contrefaçon, aux termes des articles L.335-2 et suivants du Code de la propriété intellectuelle.

Je n'Ai jamais

1

Je n'ai jamais plus été voir de combat de boxe après le Mugabi-Jacquot du 8 juillet 1989, sur un ring en plein air près de Paris.

René Jacquot, c'était l'étoile montante, tout juste couronné Champion du Monde en super-welters après avoir détrôné – à la surprise générale – une des stars de l'époque, l'américain Donald Curry (surnommé le Cobra).

De son côté, le boxeur ougandais John Mugabi avait un nombre de KO impressionnant à son actif. Surnommé « *The beast* » (la bête), il faisait figure d'épouvantail. L'opposition s'annonçait prometteuse.

Nous étions arrivés largement en avance et il nous avait fallu patienter un long moment avant que les hostilités ne commencent.

En guise d'amuse-bouches avaient eu lieu des affrontements sans grand intérêt, des seconds couteaux courageux mais limités servant de punching-ball à des boxeurs confirmés. Autant que je m'en souvienne, la plupart avaient abdiqué au bout de trois ou quatre rounds, titubants et ivres de coups.

Quand enfin était venu le tour de René Jacquot et John Mugabi de monter sur le ring, nous – le public – étions gonflés à bloc. Prêts à nous enflammer et donner de la voix pour encourager notre champion.

Las, dès le premier round et sans qu'aucun coup n'ait été donné (sinon dans le vide), Jacquot avait glissé et s'était tordu la cheville. Ne tenant plus que sur une jambe, il n'avait pu reprendre le combat.

L'arbitre avait mis fin à ce qui n'avait pas vraiment commencé. Et donné la victoire à Mugabi par abandon.

Quand à nous, il ne nous restait plus qu'à remballer nos enthousiasmes, retourner à notre voiture et rentrer à la maison.

C'était le premier combat de boxe que j'allais voir.
Et le dernier.

2

Je n'ai jamais marqué de but d'une reprise de volée acrobatique de trente mètres sous la barre transversale en finale de la Coupe du monde de football (ainsi que je l'avais maintes fois rêvé quand j'avais douze ans).

3

Je n'ai jamais participé à une émission de téléréalité où il me faudrait vivre en slip toute la journée sur une plage de rêve - mais absolument déserte - et où il n'y aurait rien d'autre à faire que gloser sur les autres participants.

4

Je n'ai jamais perdu au Monopoly (il est vrai que je n'y ai jamais joué).

5

Je n'ai jamais réussi à lire le « *Ainsi parlait Zarathoustra* » de Nietzsche, pourtant donné comme son œuvre majeure (les premières pages ne m'ont pas vraiment encouragé à aller plus loin).

6

Je n'ai jamais mesuré mon sexe en érection avec un double décimètre pour vérifier qu'il était bien dans la norme.
(quoi que je l'ai peut-être fait quand j'avais onze ou douze ans - mais plus jamais depuis !)

7

Je n'ai jamais coupé un citron en deux pour mordre à pleine dents à l'intérieur et en goûter la saveur acidulée.

8

Je n'ai jamais entendu mon réveil sonner à cinq heures du matin sans avoir eu l'envie de l'écrabouiller.

9

Je n'ai jamais embrassé une fille sur la bouche pour m'apercevoir, un peu plus loin dans les préliminaires, qu'il s'agissait d'un travesti.

10

Je n'ai jamais eu de relation intime avec une femme nord-coréenne originaire de Pyongyang et dont une partie de la famille habiterait en Corée du Sud.

11

Je n'ai jamais utilisé mon téléphone portable pour prendre en photo mon membre viril et l'envoyer à des personnes de sexe féminin avec un commentaire genre : « *Salut, moi c'est Brutus. Infatigable, mon maître dit que j'ai beaucoup d'affection à donner. Adoptez-moi et vous ne le regretterez pas !* »
Il parait que les méthodes de drague évoluent et qu'il s'agit d'une pratique courante (c'est à ce genre de détail que l'on voit le temps passer…)

12

Je n'ai jamais été réveillé à quatre heures du matin par la lumière d'une lampe de poche, raide défoncé dans un sleeping d'Amsterdam, par un type raide défoncé lui aussi et aboyant dans un mauvais anglais que je lui aurais pris sa couchette (mais c'est arrivé à un de mes amis – je peux en témoigner, j'occupais une couchette voisine).

13

Je n'ai jamais été tenté de partir au Guatemala sur un coup de tête, avec un paquet de clopes entamé et dix euros en poche pour tout bagage.

14

Je n'ai jamais été pris de crampes en pleine mer, après avoir commis l'imprudence de nager au plus loin de mes possibilités, la côte pas plus épaisse qu'une feuille de papier à cigarettes sur la ligne d'horizon.

15

Je n'ai jamais vu de tunnel de lumière tel que le décrivent les personnes ayant vécu une expérience de mort imminente. Peut-être parce que je n'ai jamais failli mourir ?
(ou alors je ne m'en suis pas rendu compte)

Analogies

I

L'insecte dans sa cage de verre

Il y a en nous quelque chose de l'ordre de l'insecte prisonnier à l'intérieur d'un bocal et qui s'épuise à chercher la sortie.
La liberté lui apparait juste derrière la transparence, à portée.
Inaccessible.

Cette lointaine parenté avec la condition humaine explique sans doute le fait que j'éprouve un semblant de culpabilité lorsqu'après avoir dévissé le couvercle, d'un brusque coup de talon, j'écrase l'insecte sous ma semelle.

II

De l'intérêt de courir vite

Le Créateur aurait pu choisir de créer une planète peuplée de tranquilles herbivores mâchouillant le feuillage à sa portée, l'œil morne et paisible.
Mais non.
Il a trouvé plus judicieux de créer de monstrueux carnassiers aux dents aiguisées comme des hachoirs, reléguant les inoffensifs herbivores au rôle ingrat de garde-manger sur pattes. Leur seule chance de survie : courir vite.

Une capacité à partir de laquelle on peut déduire la fascination instinctive des petits garçons à « *faire la course* » en cour de récréation.

Et celle des foules et des médias pour Usain Bolt.

III

L'écrivain et le chien

Il me semble discerner un point commun entre l'écrivain qui souhaite avoir davantage de lecteurs et un chien qui urine contre un réverbère ou le pneu d'une voiture.

Pour l'un comme pour l'autre, il s'agit avant tout de marquer son territoire.

IV

De la difficulté à comprendre la pensée nietzschéenne et le concept d'inversion des valeurs

Il fut un temps où lorsque le besoin s'en faisait sentir, l'instituteur n'hésitait pas à corriger (au sens « *infliger une punition corporelle* ») ses élèves.

Aujourd'hui et dès lors qu'ils sont insatisfaits, ce sont les parents qui n'hésitent pas à corriger l'instituteur.

Faut-il y voir un lien avec l'inversion des valeurs dont parlait Nietzsche ?

V

Des discours et du divertissement

Lorsqu'à l'heure du café noir, j'écoute la radio le matin, je ne connais rien de plus barbant que le discours empreint de sérieux et de gravité d'un homme (ou d'une femme) qui s'applique à nous faire part de ses préconisations humanistes.

A l'inverse, il arrive que les élucubrations d'un zozo décérébré retiennent – au moins pour un temps - mon attention.

Impossible de se séparer de ce besoin récurrent de divertissement.

VI

De l'Art et du succès
(ou de l'importance du titre en Littérature)

Avez-vous remarqué le nombre de livres à succès qui commencent par « *L'art de…* » ?

En 2017, « *L'art de perdre* » d'Alice Zeniter décroche le Goncourt des lycéens. Et « *L'art subtil de s'en foutre* » de Mark Manson est *le best-seller* du New-York Times.

En 2011, « *L'art français de la guerre* » d'Alexis Jenni avait obtenu le prestigieux Goncourt.

Plus loin de nous – mais toujours présents sur les étagères des libraires - « *L'art d'avoir toujours raison* » d'Arthur Schopenhauer, sans oublier « *L'art de la guerre* » de Sun Tzu et le fameux « *Art de péter* » de Pierre-Thomas-Nicolas Hurtaut.

Il ne vous a pas échappé que tous ces livres commençant par « *L'art de…* » s'attachent à nous expliquer comment *perdre, s'en foutre, avoir toujours raison, faire la guerre et péter.*

Amis auteurs en quête de succès, un créneau existe.

A vous de jouer !

Histoire
de ma dent cariée

A l'époque, j'étais jeune diplômé. A la recherche de mon premier emploi.

Toutes mes candidatures restaient sans réponse et je commençais à trouver le temps long. Alors quand j'ai appris que *Cooper and Cie*, une entreprise « en pleine expansion », recherchait des profils identiques au mien (et acceptaient les débutants), j'ai compris que je tenais la chance de ma vie.

Très vite, j'ai décroché un entretien.

Tout se présentait pour le mieux. Sauf qu'à quarante-huit heures de mon rendez-vous, une sensation suspecte a pointé le bout de son nez au niveau d'une de mes molaires.

Sur le coup, j'ai voulu croire que cette gêne disparaitrait par l'opération du Saint-Esprit.

Grave erreur.

Le lendemain, veille de mon entretien, le mal avait mué en une douleur irradiante qui semblait vouloir aller crescendo, comme si une armée de nains microscopiques avaient entrepris de creuser au marteau-piqueur un nouveau tunnel sous la Manche.

Sous ma dent.

J'avais pris d'assaut les numéros de téléphone des cabinets dentaires environnants et après moult refus (je n'étais pas client, tant pis pour moi !), l'un d'eux, à la faveur d'un désistement, avait enfin accepté de me recevoir en urgence.

Je m'y étais précipité.

- J'ai un entretien demain, il faut absolument que je sois sur pied !

Le dentiste, un jeune type aux cheveux blonds bouclés vêtu d'une blouse blanche trop grande pour lui, m'avait regardé avec circonspection. D'un geste, il m'avait invité à m'asseoir sur son fauteuil.

- Ouvrez la bouche.

Avec son espèce de poinçon en métal, il avait fouillé là-dedans comme à l'intérieur d'une caverne d'Ali Baba. Très vite, la sentence était tombée :

- Je vais devoir vous l'arracher, qu'il m'a dit.

Là, tranquille. Avec une vague nuance interrogative, au cas où j'aurais eu des velléités de rébellion. Un peu comme s'il lançait l'idée pour voir, tester ma réaction. Ambiance joueur de poker qui se dit « *servi* » et ne perd pas une miette des réactions de ses adversaires.

Je n'avais pas répondu tout de suite. Il fallait d'abord que j'encaisse - *stoïcisme, j'écris ton nom sur mon écran intérieur !*

Heureusement que je me savais dur au mal.

Enfin, ça dépendait pour quoi.

- Vous êtes sûr ?
- Certain. Vous risquez une infection.
- …
- Vous préférez que je vous l'enlève tout de suite ou

maintenant ? Enfin je veux dire, maintenant ou plus tard ?

« *Tu ne m'enlèves rien du tout !* » j'ai pensé en mon for intérieur.

En réalité, je savais bien que je n'avais pas le choix, sinon de tomber de Charybde en Scylla.

- Bon, d'accord... maintenant.
- Bien !

Il y en avait au moins un à qui cette perspective de mutilation filait la banane.

A nous deux, ça faisait une moyenne.

Je l'avais entendu farfouiller ses ustensiles métalliques dans mon dos. Impossible de ne pas penser que peut-être, s'il le voulait vraiment, il pourrait m'éviter l'amputation, sauver ma dent.

- Allons-y ! lança-t-il joyeusement comme s'il allait se mettre à table.

Je préfère ne pas m'étendre sur les minutes particulièrement pénibles qui avaient suivi. Passe encore l'anesthésie qui, sans être une partie de plaisir, s'avéra un moindre mal. Non, c'est ensuite que les choses se sont compliquées.

Je revois encore sa blouse blanche, son visage poupin et grimaçant, son bras tremblant sous l'effort, arc-bouté à son ustensile, lui-même cramponné à ma dent comme la faim sur le pauvre monde.

- Nom de... elle est coriace, celle-là !

Dix fois, j'ai failli lui demander s'il fallait *vraiment* l'arracher ; mais ça faisait déjà trop longtemps qu'il tirait dessus comme un damné, je ne voulais même pas imaginer dans quel état serait ma dent s'il s'arrêtait maintenant.

- Ne vous inquiétez pas, on va y arriver. On va y arriver…

Je n'aimais pas cette façon qu'il avait de dire « *on* ». Je n'y étais pour rien, moi !

La sonnerie du téléphone l'a coupé dans son effort.

- Excusez-moi un instant. Et surtout, ne fermez pas la bouche !

Du coin de l'œil, je l'ai vu décrocher. Et s'agacer :

- Ecoute Tatiana, je te l'ai déjà dit : évite de m'appeler quand je suis en consultation. En plus, je suis en pleine extraction et ça s'annonce compliqué !

J'ai peiné à déglutir.

- A propos de quoi ? a enchainé blouse blanche.

Un blanc.

- (soupir d'exaspération)... ça ne peut vraiment pas attendre ce soir ?!

Long, long silence.

Blouse blanche a repris d'une voix ulcérée :

- Non, ça m'est égal que les murs soient repeints en orange ou en jaune. Fais comme tu veux !

Je ne sais pas si vous avez déjà essayé de rester la bouche grande ouverte pendant une heure ?

Moi si.

Et je peux vous dire qu'en cet instant, le seul rêve de ma vie tenait en trois mots : fermer ma bouche. Sauf qu'il avait laissé tout ou partie de son appareil de torture vissé à ma dent – en clair, je ne pouvais rien faire sans lui.

Moi, en désespoir de cause :

- *E peux ermer a bouche ?*

Blouse blanche a continué comme si je n'existais pas :

- Couleur abricot, ça me va aussi. Je te laisse décider, je ne peux pas dire mieux, non ?

- *E peux ermer a bouche ?!* j'ai répété un peu plus fort.

Blouse blanche s'était retourné brusquement vers moi, avec le regard ulcéré du randonneur s'apercevant avoir marché dans une bouse :
- Enfin, c'est déjà assez difficile comme ça ! Vous pouvez quand même faire preuve d'un peu de patience, non ? Comment voulez-vous qu'on y arrive sinon ?

M'est revenue en mémoire l'expression « *Mentir comme un arracheur de dents* ». A cet instant, j'ai compris pourquoi la profession était à ce point honnie de la population.

Leur conversation avait encore duré un temps interminable - et l'extraction de ma dent aussi. Enfin, dans un flot de sang, blouse blanche avait réussi à venir à bout de ma dent cariée.
- J'aime autant vous prévenir… lorsque les effets de l'anesthésie auront disparu, ça risque de faire un peu mal.

Je lui ai parlé de mon entretien à venir et il m'a prescrit un remède de cheval qui, selon lui, me permettrait de me présenter « *frais comme un gardon* », en pleine possession de mes moyens.

Je l'espérais comme on espère un miracle. Mais le miracle n'eut pas lieu.

Le lendemain, après une nuit d'insomnie passée à me gaver d'antidouleurs, je me suis présenté chez *Cooper and Cie* les yeux larmoyants et la boite crânienne transformée en caisse de résonance.

De l'entretien en lui-même, je ne me souviens pas de

grand-chose, sinon m'être appliqué à l'écourter pour retourner au plus vite oublier la cruauté du Monde sous ma couette (après avoir absorbé une dose massive d'antalgiques).

Inutile de dire qu'au terme d'une prestation pitoyable, on me signifia d'un air dégoûté que décidément non, « *Vous ne convenez pas au profil recherché* » et cela, sans même daigner me raccompagner jusqu'à la sortie.
J'avais échoué.
Lamentablement.

Plus tard, j'ai appris que *Cooper and Cie*, cette entreprise « en plein développement » où j'avais rêvé si fort être embauché, s'était révélée un piège mortel.
Cooper and Cie avait fait un flop. La société avait déposé le bilan.
Mais avant d'en arriver là, il y avait eu de la casse.
Humaine.
Harcèlement, burn-out et dépressions en cascade. Un comptable s'était même suicidé sur son lieu de travail.

Entretemps, j'avais réussi à trouver un poste conforme à mes attentes. Et même bien au-delà !
J'ai compris que, rétrospectivement, je pouvais remercier ma dent cariée.

Peut-être aurais-je dû aller brûler un cierge ? J'ai préféré retourner voir mon dentiste. Je lui ai demandé s'il avait gardé ma dent.
- Evidemment, non !
En aurait-il une autre à me donner ? (après tout, une

dent reste toujours une dent, quelle que soit sa bouche de provenance).

Il m'a regardé comme s'il avait à faire à quelqu'un de mentalement perturbé qu'il valait mieux éviter de contrarier. Il m'a fait don d'une grosse molaire qui, lors de son extraction, avait dû causer bien du tracas à son ancien propriétaire.

Dorénavant, je l'ai toujours sur moi.

Je sais, ça peut paraitre ridicule. Surtout lorsque je sors toute ma monnaie et que la boulangère aperçoit cette dent au milieu des pièces. Mais c'est la seule façon que j'ai trouvé d'être sûr de ne jamais oublier.

Aussi improbable que cela puisse paraitre, les difficultés, les coups durs auxquels nous sommes confrontés peuvent parfois avoir des conséquences éminemment positives sur notre avenir.

Voire salvatrices.

Vin de Bordeaux Grand Cru et chemise blanche

(ou liste non exhaustive de situations embarrassantes lors d'une réception où vous êtes invité)

Vous êtes invité à une exposition suivie d'un dîner où vous ne connaissez personne.
La corvée.
D'autant que votre épouse vous rejoignant directement sur place, il vous faut vous présenter seul.

Une grande maison bourgeoise, pompeuse et comme boursouflée d'orgueil – voilà, vous y êtes.
Entrez en vous efforçant de faire bonne figure. De sourire en bombant le torse.
Confiez votre manteau à un laquais.
Saluez tout le monde.
Dites « *Bonjour Monsieur* » et vous voir sèchement répliquer « *Non, moi c'est Madame !* »
Excusez-vous en arguant être « *mal réveillé* » (argument malvenu en cette fin d'après-midi mais trop tard, le mal est fait).
Porté par le souci de vous montrer affable, demandez à un homme aux traits lourds et aux yeux cernés : « *Et vous, vous êtes qui ?* »
Pas de chance, l'homme réplique pince-sans-rire qu'il est le Maître de maison. Du coup, vous voir

immédiatement soupçonné d'être une sorte de pique-assiette qui serait entré après avoir aperçu de la lumière ; s'entendre bafouiller une explication alambiquée où le frère de la belle-sœur d'une troisième personne dont vous ne vous souvenez plus le nom serait à l'origine de votre invitation.

Après un embarrassant moment de flottement, vous voir enfin disculpé par la tante du neveu de la fameuse belle-sœur (ou quelqu'un d'approchant).

Croire percevoir chez certains le regret de n'avoir pu goûter au plaisir de vous expulser sans ménagement (voire *manu militari)*.

Donnez-vous une contenance (du moins, essayez) ; prenez une coupe de champagne. Votre verre à la main, allez admirer les œuvres exposées dans une pièce aux murs blancs.

Affichez un air de connaisseur et faites mine de vous extasier devant des trucs barbouillés accrochés au mur.
- Magnifique.
- Vous plaisantez ? Ce sont des tableaux IKEA qu'on a mis là pour meubler. L'exposition, c'est dans l'autre pièce.

Les toiles de l'exposition sont pires encore. Trouvez plus prudent de vous abstenir de tout commentaire.
.

Accueillir votre épouse non sans soulagement – voilà au moins une personne qui ne devrait pas vous être hostile (quoi que vos relations soient plutôt ombrageuses en ce moment). Remarquer l'accueil autrement plus chaleureux réservé à votre compagne (une très belle femme, tout le monde en a toujours convenu et cela, d'autant plus qu'en ce qui vous concerne, vous n'avez jamais été qualifié de « *très bel homme* »).

Passer à table.
D'autorité, le serveur vous fait endosser le rôle de volontaire pour goûter le vin.
Le trouver excellent.
Mais une fois les autres invités servis, les entendre tous se plaindre d'un méchant goût de bouchon. Prétextez avoir été enrhumé récemment, ce qui a pu nuire à vos capacités gustatives (mais personne ne vous écoute).

Au moment où sont apportées les entrées, provoquer l'hilarité générale en confondant crabe et surimi.

Manger la tête dans votre assiette sans participer aux conversations. Pendant ce temps, votre femme se fait outrageusement courtiser sous votre nez par un blanc-bec éméché.
Le blanc-bec éméché a une longue mèche de cheveux qui lui tombe devant les yeux.
Songer aller chercher une paire de ciseaux pour couper cette fichue mèche – mais ne pas oser (ne pas oser non plus demander au blanc-bec éméché l'adresse de son coiffeur, histoire de ne jamais risquer d'y mettre les pieds).

Le blanc-bec éméché agit exactement comme si vous n'étiez pas là. Ou comme si vous étiez transparent. Ce vous qui devient vite insupportable.

Vous imaginer vous lever et d'une voix forte devant l'assistance médusée, interpeler vertement le blanc-bec éméché : « *Monsieur, il suffit ! La façon dont vous entreprenez mon épouse est une offense que je ne tolérerai pas plus longtemps. J'attends vos témoins demain à l'aube. Vous me rendrez Justice !* »

Vous souvenir que nous sommes en 2018. Et que les duels n'ont plus cours.

Ronger votre frein en cogitant.

Vous imaginer vous lever et d'une voix forte devant l'assistance médusée, interpeler vertement le blanc-bec éméché : « *Toi, tu sors dehors tout de suite. Je vais te démolir, mon pote !* »

Vous souvenir que le blanc-bec éméché, outre une carrure de décathlonien, vous dépasse d'une bonne tête tandis que vous n'êtes vous-mêmes pas au mieux de votre forme (un peu barbouillé, ces temps-ci).

Envisager d'autres hypothèses.

N'en trouver aucune.

Faute de mieux, tenter de vous faire une place au sein des conversations.

Vous avez beau guetter les blancs pour insérer votre parole à l'intérieur des échanges qui fusent de partout, vous débutez à peine une phrase que déjà, quelqu'un vous coupe et, d'une voix plus forte que la votre, poursuit là où vous aviez commencé.

Continuer de manger sans prononcer un mot.

Lutter contre la désagréable impression de n'être qu'un meuble posé là par hasard – un meuble à l'estomac humain qui mangerait par mimétisme avec les autres.

Après le cuissot de sanglier vient une sélection de fromages de haute volée.

Le Maître de maison – l'homme aux traits lourds et aux yeux cernés – réclame le silence.

Il a une annonce importante à faire. Du vin va être servi à table. Mais attention, pas n'importe quel vin ! Un Bordeaux Grand Cru.

- Du Saint-Emilion 1947.

Stupeur parmi les convives.

- J'en avais gardé quelques bouteilles pour une occasion exceptionnelle. Je crois que ce moment est arrivé.

Le Maître de maison baisse la tête, les mains jointes comme s'il allait prier. Certains semblent aussi émus que s'ils s'apprêtaient à voir apparaitre la vierge Marie en personne.

Religieusement, les laquais amènent les bouteilles. Avec des gestes précis – en prenant bien soin de ne pas en perdre une larme sur le goulot de la bouteille - ils remplissent les verres les uns après les autres dans un silence monacal.

- Mes amis, à nous !

Partout autour de vous, on porte le verre à sa bouche. Et aussitôt, on s'extasie.

« Ce vin, c'est le petit Jésus en culotte de velours ! » s'exclame un gros bonhomme aux dents abimées avec un sourire béat de ravi de la crèche.

Vous attacher à ne pas renverser votre verre - une maladresse dont vous êtes coutumier. D'autant que votre chemise blanche trahirait immédiatement la moindre goutte perdue. Assurément, ces gens-là seraient capables de vous lyncher sur place pour un tel sacrilège !

Avec des gestes précautionneux, vous goûtez à votre tour le précieux élixir.

Pas mauvais.

Mais pas de quoi non plus tomber en pamoison. Il est vrai que non seulement vous n'êtes pas un connaisseur, mais le vin ne vous inspire pas particulièrement.

Vous vagabondez à l'intérieur de vos pensées quand tout à coup, un geste brusque et ce n'est pas votre verre que vous renversez mais celui de votre voisine de droite – une bourgeoise maniérée et antipathique.
A son grand désespoir, le précieux nectar s'est répandu en tache sanglante sur la nappe blanche. Horrifiée, la bourgeoise maniérée vous toise comme s'il lui fallait prendre sur elle pour ne pas hurler ou vous arracher les yeux ; le rouge aux joues, vous avez beau vous confondre en excuses, rien n'y fait.
Heureusement, à l'invitation du blanc-bec éméché, la plupart des convives sont provisoirement passés dans l'autre pièce pour porter un toast aux horribles croûtes du Maître de maison. De ce fait, votre infâmante maladresse passe à peu près inaperçue.
Pour masquer votre méfait, empressez-vous de poser votre serviette sur la tache sanglante.
Enfin, vous pouvez respirer.
Seule la bourgeoise maniérée au bord de l'apoplexie pourrait vendre la mèche – mais très vite, vous comprenez qu'elle ne le fera pas. Trop peur d'être elle-même associée à cette vilenie.

Après le dessert, le café. Remarquer que le blanc-bec éméché a maintenant posé sa main sur l'avant-bras de votre femme. Vous interroger une nouvelle fois sur la conduite à tenir.
Décider de vous isoler quelques instants, le temps de la réflexion. Et vous éclipser aux toilettes.

Devant le miroir, réaliser qu'une feuille de salade est restée coincée entre vos dents de devant (sachant que la salade a été servie en accompagnement au moment de l'entrée, vous avez eu cette feuille de salade au milieu de votre bouche pendant tout le repas).

Prendre la seule décision qui s'impose – celle de vous confronter au blanc-bec éméché. Il en va de votre honneur.
Vous revenez à table avec la ferme intention de vous intercaler entre lui et votre épouse.

Découvrir avec stupéfaction que leurs places sont vides. Peut-être sont-ils sortis dehors fumer une cigarette ?
Vous asseoir.
Attendre que votre femme revienne. Tout autour de vous, ce n'est que joyeux brouhaha et conversations animées – vous réalisez être le seul à ne parler à personne. De temps à autre, la bourgeoise maniérée (celle dont vous avez malencontreusement renversé le verre de Bordeaux Grand Cru) vous jette un regard assassin, comme si la seule chose qui lui importait désormais était de vous souhaiter une mort aussi brutale et douloureuse que possible.

Après le café, les alcools forts. On vous sert un cognac puis un autre. Votre femme pointe toujours aux abonnées absentes.
En avoir assez de l'attendre, partir à sa recherche. Après tout, tout le monde va et vient dans cette maison – vous allez en faire le tour.
L'alcool aidant, vous vous enhardissez à ouvrir des

portes fermées. A l'étage, ouvrir la porte d'une chambre et surprendre – bien involontairement – un couple en train de faire l'amour. Refermer précipitamment.

Et réaliser après-coup que la paire de fesses brièvement entraperçues ressemblaient étrangement à celles de votre épouse.

Evidemment, vous ne pouvez en être sûr - qu'est-ce qui ressemble plus à une paire de fesses qu'une autre paire de fesses ?!

Vous redescendez au rez-de-chaussée. Désorienté, ne sachant plus que faire.

Vous asseoir à votre place et attendre.

Au bout d'un temps indéterminé, votre femme réapparait. Plus resplendissante que jamais, le rouge aux joues.

Lui demander où elle était.

S'entendre répondre « *Dehors, sur le parking. Je fumais une cigarette avec Florian.* » (en déduire que le blanc-bec éméché s'appelle Florian)

C'est vrai, vous n'avez pas été voir dehors. Préférer – au moins temporairement – le bénéfice du doute plutôt que de lui faire une scène devant tout le monde (d'autant qu'il s'agirait d'une scène où vous occuperiez l'humiliante place du mari bafoué).

Vous dire qu'il est temps d'en rester là. Et de rentrer à la maison.

Dans le vestibule, au moment de saluer vos hôtes, ne sachant trop comment prendre congé, s'entendre dire un peu bêtement que « *Tout est bien qui finit bien !* »

Juste avant qu'une voix en provenance de la salle à

manger annonce à la cantonade qu'une catastrophe vient d'entrainer la mort de milliers de personnes dans des conditions affreuses.

Vous sentir obligé de vous confondre en excuses – alors que vous n'y êtes pour rien (de toute façon, personne ne vous écoute).

Partir enfin.

En voiture, ne pas échanger un mot avec votre épouse. Ambiance d'un froid polaire. Il est près de minuit et tout est noir alentours.

Au détour d'un virage, tomber sur un barrage de police.
Vous arrêter. Baisser la vitre.
Un gendarme à tête de bouledogue vous demande si vous avez bu.
Répondre par l'affirmative en essayant de nuancer la quantité d'alcool ingérée : « *Un peu...* »
- Soufflez là-dedans.
La suite ne fait que confirmer vos craintes.
- Descendez de voiture ! ordonne le gendarme à tête de bouledogue.
Le gendarme à tête de bouledogue s'adresse à vous comme si vous étiez personnellement responsable de quantité de malheurs ici-bas.
N'attendre aucune mansuétude de sa part.
Et n'en recueillir aucune.

Voilà, votre permis vous est retiré. Il vous faut rentrer à pieds. Avec votre épouse qui peine à vous suivre avec ses talons hauts.
Pour couronner le tout, quelques gouttes de pluie

commencent à tomber.

Une voiture s'arrête. C'est une voiture de sport, une deux places.

La vitre s'abaisse. Stupeur, vous reconnaissez le blanc-bec éméché - et sa mèche qui lui tombe sur les yeux.

Impossible de ne pas exprimer votre étonnement :
- Les gendarmes ne vous ont pas arrêté ?!

Blanc-bec éméché vous rit au nez de la même façon qu'il le ferait d'une bonne blague :
- Si. Mais leur chef, c'est mon beau-frère !

Blanc-bec éméché s'adresse directement à votre épouse :
- Tu veux que je te ramène ?

Votre femme part s'asseoir à côté de lui avant même qu'il ait achevé sa question.

Cette fois-ci, blanc-bec éméché a au moins l'élégance de vous adresser quelques mots :
- Désolé, je n'ai qu'une place.

Il n'avait pas l'air si désolé que ça ! - vous dites-vous en regardant la voiture s'éloigner dans le néant obscur. L'averse dégringole d'un coup, une pluie diluvienne qui vous trempe aussi sûrement qu'une serpillère plongée au fond d'un seau.

Vous êtes seul dans la nuit. Trempé, sciemment abandonné par votre épouse après une soirée exécrable. Avant de pouvoir pousser la porte de chez vous, il vous faudra marcher des kilomètres, au moins deux heures à un rythme soutenu avec ces chaussures qui vous meurtrissent les pieds. Sans oublier le coup de massue que représente votre retrait de permis et les innombrables complications que cela va entrainer dans votre quotidien.

Impossible de réprimer un pénible sentiment de déroute, comme une armée vaincue par des forces supérieures en nombre et qui n'aurait d'autre choix que le repli ; peut-être, lors de leur retraite de Russie en ce funeste hiver 1812, les hussards de Napoléon avaient-ils éprouvé un ressenti similaire au votre.

Victor Hugo lui-même l'affirmait : « *La vie n'est pas faite pour me plaire. Je l'ai déjà remarqué.* » Vous êtes on ne peut plus d'accord avec lui.

Dites-vous qu'il en va de la responsabilité de chacun de prendre acte de cet état de fait. Et de ne pas se gâcher l'existence avec des considérations oiseuses qui ne mènent nulle part.

Après réflexion, il vous apparait clairement qu'il ne vous reste plus qu'une chose à faire.

Philosopher.

Tout à l'heure, une fois rentré, vous vous replongerez dans les grands textes des stoïciens.

Au plus profond de cette nuit de solitude et d'obscurité, la perspective de relire « *De la brièveté de la vie* » de Sénèque vous apparait soudain comme la meilleure des idées que vous ayez eue depuis longtemps.

LA FOSSE AUX OURS

1

Je ne sais pas
                Comment
Kevin a fait
Mais il s'est retrouvé
Dans la fosse aux ours

2

Un pari
Stupide
Pour épater Lucie
Et ses petits seins
Pointus
Sous son chemisier
Déboutonné
Que Kevin lorgnait

Moi, je voyais bien
Que l'échancrure du décolleté
De Lucie
Le rendait dingue
A mordre dans un oreiller
S'il en avait
Eu un

3

Kevin ne savait pas
Comment le lui dire, à Lucie
Alors il avait lancé
Ce pari
Stupide

Et il l'avait
Tenu

4

Peut-être qu'après ça, Lucie
Elle voudrait bien
Lui tenir la main
L'embrasser sur la bouche
Et plus tard
Enfermés dans une chambre
Dégrafer
Son chemisier
Déjà
Déboutonné
Et faire des choses
Avec Kevin

5

Peut-être que Kevin
Avait voulu
Imiter Romain Gary
Au zoo, à Berne
Dans les années cinquante

(Gary avait affirmé être descendu dans la fosse aux ours mais cela semble avoir été pure invention ; ce qui, à bien y réfléchir, s'avère on ne peut plus normal pour un romancier)

6

Mais peut-être que Kevin

Ignorait tout cela
Et que simplement
Il pensait
A Lucie
Et ses petits seins
Pointus
Sous son chemisier
Déboutonné
Et aux choses
Qu'il ferait avec elle
Plus tard
Quand ils seraient
Enfermés dans une chambre

7

En voyant Kevin
Dans la fosse aux ours
Les gens ont fait « *Oooooh !* »
Et puis « *Aaaaah !* »
Comme lors des feux
D'artifice
Sauf
Qu'il n'y avait pas
De feux
Ni d'artifice

8

C'est devenu
Moins drôle
Quand l'ours, ce gros lourdaud
Pas si lourdaud
A coursé Kevin

Héééééééééé !
A fait Kevin
Qui essayait de garder
Le sourire
Mais nous, on voyait bien
Qu'il était
Affolé
Que ça devenait
Beaucoup moins drôle

Ça l'a encore
Moins été
Quand l'ours, ce gros lourdaud
L'a rattrapé

9

L'ours a croqué
La tête de Kevin
Comme un singe l'aurait fait
D'une cacahouète
Pour l'ouvrir
En deux
Et manger ce qu'il y a
A l'intérieur
Tout le monde a crié hurlé
Et Lucie, aussi

                Kevin était mort

10

Plus tard

J'ai dit à Lucie
Que Kevin avait fait ça
Pour elle
Et Lucie
A pleuré
Encore plus fort

11

Plus tard encore
Lucie et moi
On s'est enfermés dans une chambre
Et on a fait des choses
              Ensemble

12

              Aujourd'hui, Lucie et moi
              On est mariés
              On a
              Trois enfants
              On est heureux

                            13

                            Kevin,
                            Désolé

                    Mais c'était mieux
                        Pour Nous
                    Que tu sois descendu
                    Dans la fosse aux ours

Artiste

dans l'âme

Lise avait toujours crayonné griffonné
Sur des cahiers, des bouts de papier

Elle voulait devenir
Artiste

Elle s'était mise à peindre
Des trucs avec des couleurs
Du bleu, surtout

Je croyais que c'était la mer
Mais c'était juste
Une flaque de sang

Un jour, Lise m'a pointé sa toile :
- Ça vaut un million d'euros.
- Qui a dit ça ? j'ai demandé.
- C'est moi.
- Qui crois-tu qui t'achètera cette toile pour un prix aussi exorbitant ?!
- Toi.

Elle avait raison. Je lui ai acheté sa toile. A crédit, puisque je n'avais pas un centime – mille euros par jour pendant trois ans. Mais uniquement après qu'elle m'ait expliqué qu'il s'agissait d'un plan de communication destiné à faire monter sa cote.

Et nous avons
Communiqué
Dans la presse
La famille, les amis
Les réseaux
Sociaux

Et nous avons
Fait *le buzz*

Tout le monde voulait voir
La toile
De cette peintre
Inconnue
Achetée
Un million d'euros
Par un type sans le sou

                              (moi, en l'occurrence)

Bientôt
Il a fallu
D'autres toiles
D'autres estimations, d'autres chiffres, d'autres photos

Alors Lise
A transformé
Sa salle de bain

En atelier
Pour créer, peindre

- Lise, tu peux me dire où tu prendras ta douche ?
Dans l'évier de ta cuisine ?!
- Non.
- Alors où ?
- Chez toi.

En trois jours,
(le temps que ça sèche)
Lise a bâti
Une œuvre

Elle avait une façon
Bien à elle
De peindre

Elle trempait son pinceau
Comme d'autres
Un morceau de brioche
Dans leur bol de café noir

Et barbouillait tout ça
A grands mouvements
Avec des « *Han !* »
Et imprimait
Parfois
Sa fesse
Son sein ou sa bouche sur la toile
Avec le titre
Qui allait bien
« *Joie sauvage* », ce genre-là

Quand Lise est devenue
Célèbre
(une *défricheuse avant-gardiste*, disaient les journaux en papier glacé)
Je ne l'ai plus jamais
Revue

Sauf une fois

- Lise, enfin ! Tu te souviens ? Je t'ai aidée, encouragée. J'ai dit à tout le monde que je t'avais acheté ce tableau un million d'euros. En plus, j'étais fou amoureux de toi. Depuis toujours, bien avant que tu sois née. Et maintenant que tu es une grande artiste, connue et reconnue dans le Monde entier, j'ai l'impression de n'être plus qu'une paire de vieilles chaussettes usées dépareillées à tes yeux.

D'abord
Elle a ri

Ensuite
Elle m'a dit :
- Tu sais, c'est ça être artiste.

« Ça, quoi ?! » je lui ai demandé.

- C'est
          TOUT
          OSER

Fais-le

Le soir
Quand tu es
                    Fatigué
Résiste à la tentation
De t'affaler
                    Sur ton canapé
Pour regarder
La vie passer
A la TV

Et s'il te faut
                    Boire
Un litre de café noir
Extra-fort
A t'en hérisser la couenne
Te dresser l'échine
En habit de carnaval
                    Pour te lever
Fais-le

Et s'il te faut
Psalmodier d'étranges cantiques
Brûler de l'encens
Des cierges, des vieux papiers
Qui ne servent plus
A rien
                        Pour te motiver

Fais-le

Quelqu'un a dit
Il y a longtemps
Les derniers
Seront les premiers
Et aussi
Aide-toi
Et quelqu'un
Viendra peut-être
T'aider
                        Lève
                        Ton postérieur
Du canapé
Devant la TV
Allumée
Oublie les Jeux de vingt heures

Fais-le

Assez des mots, des images
Pose un acte

Même si tu ne sais
Pas
Pourquoi

Ni comment
Ni où
Perdu seul dans l'immensité
Minuscule
De ton humanité

Fais-le

                Crois-moi
                  Il faut
            Que tu le fasses !

Esprit citoyen

Travailler dur toute sa vie sans jamais réclamer le moindre centime d'augmentation, c'est contribuer à la compétitivité de nos entreprises – c'est faire preuve d'esprit citoyen.

Multiplier les heures supplémentaires non rémunérées pour soutenir son employeur, faire en sorte qu'il soit en capacité de faire face à une concurrence déloyale (les travailleurs des pays émergents se contentent d'un bol de riz pour tout salaire), c'est faire preuve d'esprit de responsabilité – donc d'esprit citoyen.

S'impliquer dans la mise en œuvre de l'outil rénové de production (malgré le fait que ce nouvel outil va entrainer une réduction de postes et que des

camarades vont perdre leur emploi), c'est participer à l'innovation et au génie de nos ingénieurs.
C'est toujours faire preuve d'esprit citoyen.

Certes, on trouvera des mauvaises langues pour crier au scandale, affirmer que la machine va remplacer l'homme et que nous sommes en train de scier la branche sur laquelle nous sommes assis. Il ne s'agit pas de cela mais de s'inscrire dans la marche progressiste du monde.
Et de faire preuve d'esprit citoyen.

Après plus de quatre décennies de bons et loyaux services sans aucune augmentation, se voir offrir par son employeur en guise de pot de départ en retraite un demi-verre de péteux bon marché (agrémenté d'une médaille – mais sans la moindre gratification financière), lever son demi-verre de péteux tiède et trinquer à la pérennité de l'entreprise, c'est faire preuve d'esprit de responsabilité.
D'esprit citoyen.

Saluer brièvement son patron (pour qui vous avez travaillé toute votre vie) entre deux portes – et ne pas lui tenir rigueur du fait qu'il n'ait pas plus de temps à vous consacrer que cette furtive poignée de main, c'est prouver à tous avoir définitivement ancré en vous le sens des responsabilités. Car oui, comprendre que le patron ait d'autres chats à fouetter que le départ d'un employé – fut-il modèle - c'est avoir le sens des réalités.
L'esprit citoyen.

Sitôt parti en retraite, voir le gouvernement diminuer

sensiblement sa pension au titre de « *la nécessaire solidarité entre générations* » et ne pas s'associer aux manifestations de mécontentement afin de ne pas contribuer aux désordres à l'ordre public, c'est rester dans la continuité d'un esprit citoyen.

Mourir brutalement trois mois après avoir pris sa retraite – donc sans creuser excessivement le déficit des caisses de retraite, c'est définitivement faire preuve d'esprit citoyen.

Décalages

1

Tout donner
Prendre tous les risques

                                        Et tout rater

2

Il m'arrive parfois de me prendre pour qui je ne suis pas.

                                   Tout le temps, en fait.

3

Etre celui qui court le plus vite.

                                  Et n'arriver nulle part.

4

André a une bonne tête de papa gâteau. On lui donnerait le bon Dieu sans confession.

                       Mais en réalité, c'est une ordure.

5

Moi, ce que j'aime par-dessus tout, c'est faire du shopping. Acheter. Des vêtements, des chaussures.

Un sac, une ceinture. Des bijoux, tout ce qui a de la valeur. Que je puisse sentir une pointe d'envie - et même et surtout de jalousie chez mes meilleures amies.
Parfois, il m'arrive d'acheter des choses que je n'utiliserai qu'une fois. Une robe pour une réception, par exemple. La soirée passée, je l'oublie dans mon dressing. Jusqu'au moment où il me prend de faire un peu de place et je mets tout ça à la poubelle.
Je sais, une de mes amies m'a déjà suggéré de les donner à une association caritative. Mais risquer de voir l'un de mes vêtements chics sur le dos d'un miséreux – rien que l'idée, je ne le supporte pas.

> Quelle horreur !

6

Il est possible que la mer n'existe pas.

> Que ce ne soit que de l'eau.

7

Beaucoup de gens aiment les bêtes.

> Surtout saignantes ou cuites à point dans leurs assiettes.

8

Etre séducteur, le chouchou de ces dames.
Avoir sa cour, accumuler les conquêtes et s'entendre qualifier de « *véritable tombeur* ».

                Et finir sa vie seul comme un chien.

9

Adolescent, tomber raide dingue amoureux d'une jeune fille sitôt après l'avoir rencontrée.
Lui faire une cour assidue.
Sans succès.
Aller jusqu'à s'agenouiller devant elle, se dire prêt à toutes les folies, toutes les humiliations pour faire battre son cœur.
Echouer sur toute la ligne.

    Des années plus tard, croiser cette même jeune fille dans la rue.
                        La reconnaitre à peine.
           Et ne plus ressentir qu'indifférence à son égard.

10

Je ne voulais pas que mes parents me voient avec ce garçon. Pourquoi ? Pour éviter leurs questions. Je savais *d'avance* ce qu'ils m'auraient demandé. Avant même qu'ils n'ouvrent la bouche.
« *Comment il s'appelle ?* »
« *Tu le connais depuis longtemps ?* »

« Pourquoi est-ce qu'il te raccompagne jusqu'à la maison ? Qu'est-ce qu'il te veut exactement ? »
« Est-ce qu'il t'a demandé de le suivre quelque part où tu ne voulais pas aller ? Dans une cave, par exemple ? »
Je ne voulais pas, non.

> Je préférais avoir le moins de témoins possibles.
> *Parce qu'avec mes copines, on comptait bien le dépouiller.*

11

Regarder des films pornos à longueur de journée.

> Et se montrer aussi inhibé qu'empoté avec sa copine.

12

Professer l'humanisme et la tolérance. Militer pour la paix dans le Monde.
Etre connu et respecté de tous.

> Et le soir à la maison, gifler sa femme à la moindre contrariété.

13

Critiquer. Invectiver tout le monde, personne ne trouvant grâce à vos yeux ; s'afficher comme le spécialiste de la descente en flammes.

Et lorsque vous-mêmes êtes mis en cause, vous en tenir à cette unique justification :
« *Nul n'est parfait !* »

14

Regretter.

Même si, à supposer qu'il soit possible de revenir en arrière, vous referiez exactement la même chose.

15

Il avait fait tout ce qu'il avait pu.

C'est-à-dire rien.

16

Soulever de la fonte à longueur de journée au point de devenir un monstre physique. Etre fier de ses abdominaux en tablette de chocolat, son torse puissant et ses bras musculeux.

Et s'effondrer en larmes comme une petite fille au plus petit bobo de l'existence.

17

Espérer que le Monde change.

                Sans rien vouloir changer à soi-même.

18

Manger dix fruits et légumes par jour. S'abstenir de fumer. Pratiquer une activité physique régulière. Boire un verre de Bordeaux de temps en temps et faire l'amour au moins trois fois par semaine. Ne jamais dormir moins de sept heures par jour, pratiquer le yoga et la méditation. Entretenir de bonnes relations de voisinage, ne jamais dépasser les cent trente kilomètres à l'heure sur l'autoroute (et lever le pied par temps de pluie). Traverser dans les clous et être renversé par un chauffard ivre et sans permis venant de griller un feu rouge.

Décéder dans l'ambulance sur le chemin de l'hôpital.

Des Inconvénients d'occuper un poste à Responsabilités

L'inconvénient d'occuper un poste à responsabilités, gratifiant et qui rapporte beaucoup d'argent, c'est de manquer de temps pour soi.

L'inconvénient de manquer de temps pour soi, c'est d'être tenté de gagner du temps sur tout : le matin, boire son café d'une main en nouant son nœud de cravate de l'autre ; à midi, prendre ses repas debout en dix minutes, faire l'amour à la va-vite en bâclant les préliminaires (avec la stagiaire, entre deux paquets de photocopies à faire ou une collaboratrice en mal de promotion) et habituer son organisme à ne dormir que trois heures par nuit.

L'inconvénient de s'efforcer de gagner du temps sur tout (en prenant ses repas en dix minutes, en raccourcissant ses nuits de sommeil et en faisant l'amour à la va-vite), c'est qu'on finit immanquablement par avoir des problèmes de digestion.

L'inconvénient d'occuper un poste à responsabilités, gratifiant et qui rapporte beaucoup d'argent, c'est d'avoir des problèmes de digestion – et du coup, d'être tenté d'en imputer la faute à ses collaborateurs.
 C'est vrai, s'ils abattaient davantage de travail (en un mot, s'ils se montraient plus efficaces), vous auriez moins à intervenir. Vous disposeriez de plus de temps pour vous, ce qui faciliterait votre digestion.

L'inconvénient d'occuper un poste à responsabilités, gratifiant et qui rapporte beaucoup d'argent, d'avoir des problèmes de digestion et d'en imputer la responsabilité à ses collaborateurs, c'est de finir par être haï par tout son personnel, de s'en rendre compte et d'imaginer des êtres fielleux en train de comploter dans son dos en piquant avec des aiguilles une poupée de chiffons à son effigie – en clair, vous devenez paranoïaque (évolution dont vous prenez conscience du fait de votre intelligence supérieure et contre laquelle vous êtes décidé à lutter).

Résultat, un beau jour vous traversez la rue en vous répétant qu'il ne faut pas seulement vous fier à vos impressions mais aussi à votre *détermination* – et que dans cet ordre des choses, la voiture qui fonce vers vous va forcément s'arrêter.
 Mais elle ne s'arrête pas.

Des Inconvénients de l'Existence

1

L'inconvénient des souvenirs, c'est qu'on ne choisit pas ceux qui remontent à la surface.

2

L'inconvénient d'être une bête de sexe, c'est qu'on finit toujours par se demander de qui sa compagne est *réellement* amoureuse – de son membre viril ou de soi ?

3

L'inconvénient d'être nul au lit, c'est qu'à chaque nouvelle relation amoureuse, on se fait larguer en vingt-quatre heures.

4

L'inconvénient du mariage, c'est qu'on ne peut plus laisser baigner sa vaisselle sale dans l'évier pendant huit jours (ni abandonner ses chaussettes roulées en boule sous le lit).

5

L'inconvénient du célibat, c'est qu'on est tout seul.

6

L'inconvénient d'être jeune, c'est d'être persuadé que ça durera toujours (et d'agir en (in)conséquence).

7

L'inconvénient d'être vieux, c'est qu'on ne sera plus jamais jeune.

8

L'inconvénient de l'avion, c'est que s'il arrive un problème, c'est la mort assurée (on ne peut même pas essayer de prendre le volant ou sauter en marche pour tenter de s'en sortir).

9

L'inconvénient de prendre le train, c'est qu'on connait l'heure où l'on part. Mais jamais celle où on arrive.

10

L'inconvénient du football, c'est d'être un sport de manchot.

On se retrouve avec des cuisses épaisses et musclées mais des bras pas plus gros qu'une baguette de pain.

11

L'inconvénient du rugby, dès lors que l'on dispute les mêlées, c'est de voir ses oreilles se transformer progressivement en feuilles de chou.

12

L'inconvénient de manifester (même lorsque l'on défile paisiblement dans le cortège), c'est de n'être jamais à l'abri d'un coup de matraque ou d'une bouffée de gaz lacrymogène.

13

L'inconvénient de ne jamais manifester, c'est de passer pour un béni-oui-oui.

14

L'inconvénient d'avoir toujours raison, c'est de finir par énerver ceux qui ont toujours tort.

15

L'inconvénient des gens qui geignent pour rien (tout et n'importe quoi), c'est que quoi que vous fassiez, ils continueront toujours à geindre.

16

L'inconvénient du slip kangourou, c'est d'avoir l'impression de porter le slip de son grand-père.

17

L'inconvénient du string ficelle, c'est qu'il vous rentre dans la raie des fesses.

18

L'inconvénient de l'été, c'est qu'il fait trop chaud. On a vite fait de se retrouver avec des auréoles de transpiration sous les bras, ce qui est mal seyant sur son lieu de travail (il n'y a qu'en maillot de bain, au bord de la mer qu'on serait bien - *mais qui a les moyens de prendre trois mois de vacances ?!*)

19

L'inconvénient des vacances, c'est qu'on y prend goût. Résultat, on revient travailler en trainant des pieds.

20

L'inconvénient de l'hiver, c'est qu'il fait trop froid (s'il neige, les routes sont embouteillées et on se fait engueuler parce qu'on arrive en retard).

21

L'inconvénient du printemps, c'est qu'on ne sait

jamais comment s'habiller.

22

L'inconvénient des vêtements de pluie, c'est qu'ils ne sont pas très *glamour* (pas évident de draguer en K-way).

23

L'inconvénient d'être sous la pluie sans porter les vêtements adéquats, c'est de se retrouver trempé même après s'être mis au sec.

24

L'inconvénient de l'automne, c'est qu'on regrette l'été et qu'on appréhende l'hiver.

25

L'inconvénient d'aller à la piscine, c'est que l'eau javellisée fait office de douche hebdomadaire pour nombre de gens qui y vont aussi (on peut avoir l'impression de nager dans une baignoire d'eau sale).

26

L'inconvénient d'être invité à dîner, c'est que l'on ne vous propose pas la carte des menus en arrivant (et que l'on n'apprécie pas toujours ce que l'on trouve dans son assiette).

27

L'inconvénient des repas de fête, c'est qu'on mange trop (ce qui n'empêche pas que le lendemain, on a toujours aussi faim).

28

L'inconvénient de faire attention à ce qu'on mange, c'est qu'on n'a justement pas envie de faire attention ! (on voudrait juste pouvoir se lâcher et se faire plaisir)

29

L'inconvénient de suivre un régime, c'est que si l'on se relâche un tant soit peu, on reprend quinze kilos.

30

L'inconvénient de se plier aux règles édictées par la société (règles visant à permettre le « *vivre ensemble* »), c'est que l'intérêt général se fait parfois au détriment de l'individu – donc de soi.

31

L'inconvénient du non-respect des règles édictées par la société (règles visant à permettre le « *vivre ensemble* ») au profit de son seul intérêt personnel, c'est que si tout le monde agit de la même façon, on aboutit à la désagrégation de la société et à terme, le chaos et la destruction.

32

L'inconvénient d'avoir de l'humour, c'est que les gens ne se rendent même plus compte quand vous êtes triste, puisque vous prenez tout avec humour.

33

L'inconvénient d'être né avec une cuiller d'argent dans la bouche, c'est de croire que tout finit par tomber tout cuit et sans effort dans le bec.
Résultat, on manque de niaque.
Et on finit par rater sa vie.

34

L'inconvénient d'être né dans une famille pauvre, c'est d'avoir tellement la niaque qu'on finit par cogner sur tout ce qui pourrait constituer un obstacle pour s'élever dans la société.
Résultat, on atterrit en prison.
Et on finit par rater sa vie.

35

L'inconvénient d'être beau – et d'avoir le succès qui va avec – c'est d'être jalousé par ceux que la nature a moins gâté (et de se voir dénigré comme étant « *un joli emballage* » avec « *rien dedans* »).

36

L'inconvénient d'être moche, c'est d'être moche.

37

L'inconvénient de la célébrité, c'est qu'on ne peut plus mettre un pied dehors sans être pris en chasse par une nuée de photographes – et donc d'être contraint de rester terré chez soi (sans parler du fait de devoir partir en vacances dans les endroits les plus reculés de la planète – où il n'y a rien à voir ni à faire – pour être certain de ne pas être reconnu).

38

L'inconvénient de l'existence, c'est que non seulement il n'y a pas que des bons moments mais en plus, rien n'est jamais parfait.

39

L'inconvénient de la perfection, c'est qu'on finit toujours par s'y ennuyer.

A mourir.

Minuscule Lexique
fragmentaire et personnel

1
Accepter

De n'avoir pas plus
D'emprise
Qu'une coquille de noix
Sur une mer déchainée

(la coquille de noix ayant l'avantage de flotter naturellement)

2
Acheter

Je voulais m'acheter du rêve
Mais je n'avais pas assez d'argent

3
Apparence

Se souvenir que les gens ne sont pas ce que nous croyons qu'ils sont (puisque nous-mêmes ne sommes pas ce qu'eux croient que nous sommes)

4
Chercher

Impossible de renoncer à chercher
Ce *Paradis perdu*
Qui n'a jamais existé
Que dans notre imagination

5

Choix

Quel autre choix que se mêler à la meute, jouer des coudes et se jeter à corps perdu dans cette inépuisable quête commune, la chasse au bonheur ?!
(sans jamais pouvoir se départir de la crainte qu'il n'y en ait pas pour tout le monde)

6

Cœur

Quand j'étais jeune, il m'arrivait d'écouter battre mon cœur. Ce qui me fichait une sacrée frousse. Je me disais : « *Si ce truc-là s'arrête, je m'arrête aussi !* »

7

Combattant

Partant du principe que « *La vie est un combat* », un combattant est un être vivant.
(ce terme désigne aussi un petit poisson que l'on retrouve fréquemment dans les aquariums)

8

Dette

Il ne s'agit pas seulement de vous ni de moi mais de *nous*. Devons-nous quelque chose à quelqu'un ?
Oui, sans doute. Nous devons à ceux qui nous ont précédé de pouvoir prendre une douche chaude et de manger des hamburgers XXL.

Peut-être devons-nous plus encore à ceux qui nous succéderont. Mais avons-nous envie de régler notre dette ?
Rien n'est moins sûr.

9

Différence

Qu'est-ce qui nous différencie les uns des autres ?
Rien
Ou si peu.

Raison de plus pour cultiver sa différence.

10

Donner

Garder définitivement à l'esprit que rien ne se donne.
Tout se gagne.

11

Drame

Coup dur dont on sait à l'avance que l'on aura toutes les peines du monde à s'en remettre.

Deux exemples :
- Au bureau le lundi matin, constater que la machine à café est en panne
- Recevoir un coup de fil affolé de son épouse : « *Le petit a perdu sa totote et je ne la retrouve pas !* »

12
Enfant

Ne pas chercher à tuer l'enfant qui est en soi, préférer le faire grandir.
Ou plus précisément, le convaincre d'accepter de grandir.

13
Equipe

Dans les sports d'équipe, il se dit et se répète que le groupe est plus important que les individualités.
On pourrait étendre cette réflexion à l'Humanité toute entière – *l'espèce humaine est plus importante que tel ou tel individu.*
Mais il semblerait tout le monde ne soit pas d'accord.

14
Esclave

L'esclave des Temps Modernes (appelé aussi *travailleur*) aura au moins acquis un court espace de liberté : pouvoir changer de Maître.
Le temps qu'il demeure employable.

15
Espoir

Il parait
Que l'Espoir
Est le mot

Le plus
Utilisé
De la poésie

C'est fou combien les gens ont besoin de croire aux contes de fées.

16

E_{sprit}

Ne jamais oublier que les plus grands esprits ne sont pas exempts des turpitudes ni des plus bas instincts de notre espèce.

17

F_{êtes}

Lors des fêtes de fin d'année, je n'ai plus faim.
Mais je mange quand même.

18

F_{oi}

Croyance en quelque chose qui n'existe que par la seule force de notre imagination.
(*à noter : il convient avant tout d'avoir foi en soi*)

19

F_{umier}

Engrais à base de litières et d'excréments d'animaux.
Au sens figuré : personne abjecte, ordure.

Et pourtant, les plus belles fleurs poussent sur les tas de fumier.

20

Inaccessible

Souvent, les personnes inaccessibles nous apparaissent auréolées de mystère. Différentes. Et terriblement séduisantes.
Plus souvent encore, le charme s'effondre à la seconde où elles ouvrent la bouche.

21

Inconscient

Idée que quelque chose en nous, enfoui si profondément que rien ni personne ne puisse l'atteindre, dirige nos actes et parle par notre bouche.

22

Joie

Fou de joie
C'est juste ça
Un petit morceau de lumière
Qui doucement, s'éteint au creux de ma main

23

Journaux

Et si les journaux disaient la vérité ?!

24
Maturité

Arriver à maturité, c'est comme entrer en cellule de dégrisement.

25
Mélancolie

Aujourd'hui ne durera pas toujours.

26
Mode d'emploi

Renoncer à chercher le mode d'emploi, il n'en existe aucun.

C'est à chacun d'écrire le sien.
Ça prend une vie
Et quand c'est fait, c'est (déjà) l'heure d'aller se coucher.

Dommage.

27
Nul

Je sais, face à un livre (un film, un tableau, n'importe quelle œuvre artistique) que l'on n'apprécie pas, il faut éviter de dire « *C'est nul !* » et préférer « *Je n'aime pas.* »
Je sais.

Mais je n'y arrive pas toujours.

28
Paradis

On n'ira plus au Paradis
Trop de monde
C'est devenu l'enfer

29
Payer

Mot magique.
Dites : « *Je suis prêt à payer* » et vous verrez les sourires s'élargir autour de vous.
A l'inverse, « *Je ne suis pas prêt à payer* » et les visages se fermeront comme des huitres.
(cas extrême, « *Je ne paierai jamais !* » peut, dans certaines situations, aller jusqu'à engager votre pronostic vital)

30
Peur

Lorsque la peur nous envahit, éviter de fuir.
Le mieux est encore de l'inviter à prendre un café chez soi, autour d'une table. Et de s'obliger à la regarder droit dans les yeux.
On s'apercevra alors que bien souvent, on est assis face à un miroir.

31

Rêves

Les rêves des petites filles ne ressemblent pas à ceux des petits garçons.

32

Réussir

Réussir n'est pas seulement réussir. C'est aussi pouvoir se targuer de bénéficier de la bienveillance du Créateur.

33

S'acharner

Il est notable que certains mots se transforment avec le temps.
Ainsi en cas de succès, *s'acharner* peut muer en *détermination*.
A l'inverse, l'échec le verra devenir *pathétique*.

34

Scandale

S'il est un scandale dont les politiques se gardent bien d'aborder, c'est bien celui de n'avoir qu'une seule vie !

35

Souvenir

Les souvenirs recouvrent tous les champs de nos émotions ; de l'écharde mentale susceptible de nous pourrir la vie (voire de nous détruire sur le long terme) au feu de bois auprès duquel on peut avantageusement se réchauffer, les soirs de grand froid.

36

Vertige

Instant précis où, après être monté très haut, on prend soudainement conscience du risque de redescendre très bas.

37

Vieux

Quand sait-on qu'on est devenu vieux ?

Quand demain, c'est aujourd'hui.

38

Volonté

Il suffit parfois d'un paquet de cacahouètes servies à l'apéritif pour que notre Volonté trouve ses limites.

Ressemblances

1

Tous les hommes sont les mêmes.

A quelques nuances près.
De taille, de poids. Ici un visage glabre, là une barbe finement ciselée.

Mais sur le fond, tous les hommes sont les mêmes.

Peu enclins à la poésie.

Bien davantage portés à regarder leurs congénères courir en short après un ballon (et palabrer pendant des heures à ce sujet).

A moins qu'ils ne soient tout bêtement centrés sur leur carrière.

2

Tous les livres se ressemblent.

Les chefs-d'œuvre de la Littérature mondiale et les romans de gare ; les recueils de nouvelles, les essais. La poésie.

Tous utilisent les mêmes mots.

Seul leur assemblage diffère.

3

Tous les contes se ressemblent.

Ils se marièrent et eurent beaucoup d'enfants.

4

Tous les enfantillages se ressemblent.

Ils sont commis par des êtres qui fuient leurs responsabilités et refusent de grandir. Des individus immatures qui s'arc-boutent sur un passé qui ne reviendra plus (ceux-là voudraient que leurs mères continuent à leur essuyer la morve qui leur coule du nez, comme lorsqu'ils avaient cinq ans).

On peut sinon les approuver, au moins tenter de les comprendre.

C'est douloureux, de grandir.

5

Tous les alcools se ressemblent.

Leur ingestion provoque les mêmes effets.

A petite dose, votre interlocuteur s'ouvre progressivement à l'échange. Il vous apparait souriant et sympathique.
Vous passez un bon moment.

A moyenne dose, le bonhomme monopolise la parole. Evitez de le faire parler de ses blessures d'enfance - logorrhée verbale assurée (et gare aux postillons).

A haute dose, le jeune homme souriant et bien élevé du début de soirée mue brutalement en être vulgaire et concupiscent ; risque croissant qu'il devienne sexuellement agressif.

Ne restez pas seule dans un espace fermé avec lui. Si nécessaire, n'hésitez pas à vous enfermer dans les toilettes (après avoir vérifié au préalable que le battant résistera à des coups de pieds répétés de fou furieux).

6

Toutes les vilenies se ressemblent.

Elles puisent au fond du seau ce qu'il y a de plus sombre en nous.
Et cherchent à faire mal.

7

Toutes les musiques se ressemblent.

Ce ne sont que des sons qui s'ajoutent les uns aux autres (qu'une voix s'y mêle ou non ne change rien à l'affaire).

8

Toutes les œuvres d'art se ressemblent.

Elles expriment toutes un point de vue *humain*.

9

Toutes les femmes ne se ressemblent pas.

Seules celles qui cherchent à imiter les hommes se ressemblent.

Mamy et le Chippendale

Pour ses quatre-vingts ans, nous avons voulu faire plaisir à Mamy en lui offrant un beau cadeau d'anniversaire : un spectacle de Chippendale à domicile.

Mamy a toujours été très *rock and roll*, anticonformiste et sans tabou. Et nous nous étions souvenu qu'elle regrettait que bon-papa n'ait jamais été très musclé.

Mamy aurait tellement aimé que bon-papa ait des bras à la Arnold Schwarzenegger ; elle nous avait confié avoir secrètement espéré qu'une fois en retraite, bon-papa s'inscrive dans une salle de sport et soulève de la fonte pour s'entretenir.

Mais bon-papa avait nourri d'autres projets.

Il préférait aller boire des coups avec ses copains sur les champs de course (voire au bar tabac PMU du coin). Et parier sur des chevaux qui ne gagnaient jamais.
Il n'y a pas de mal à le révéler puisque bon-papa est parti parier sous d'autres cieux depuis déjà un bon moment. Il y a prescription.

Quand nous lui avons présenté Steevy (le Chippendale), Mamy était heureuse comme une petite fille à qui l'on offre des œufs en chocolat sans qu'elle s'y attende.
Il faut dire que Steevy – grand blond souriant, genre viking civilisé à la carrure de décathlonien suédois – Steevy était doté d'un physique à faire pâlir les plus grandes stars d'Hollywood.

Avec la musique qui allait bien en toile de fond, Steevy a fait son show – un vrai spectacle à lui tout seul ; torse nu à l'exception de son nœud papillon, Steevy a enchainé les poses suggestives en mettant en valeur ses muscles hypertrophiés de bodybuilder.
Mamy était subjuguée.

Ce que nous n'avions pas prévu, c'est que Mamy tombe raide folle dingue amoureuse de Steevy. Et qu'elle le demande le soir même en mariage.

Contre toute attente, Steevy a dit oui !

Quand à nos légitimes inquiétudes, Mamy nous les a renvoyées dans les gencives on ne peut plus sèchement :
- A mon âge, on n'a plus de temps à perdre !

Ils n'en ont pas perdu. Dès le lendemain, Mamy et Steevy ont embarqué sur le premier vol pour Las Vegas - le seul endroit au monde où l'on peut se marier en moins de vingt-quatre heures, en prenant deux passants dans la rue pour témoins.

Et voilà. C'est ainsi que Steevy a succédé à bon-papa dans le cœur de Mamy (et dans son lit).

En clair, lorsque Mamy passera l'arme à gauche, c'est Steevy qui touchera l'héritage.

A vous dégoûter de vouloir faire plaisir.

Il faudrait

Il faudrait

1

Perdre du poids, manger bio
Et que la voisine
Du dessus
Cesse
De venir tambouriner à notre porte
A quatre heures du matin
Quand son mari rentre saoul
D'on ne sait où

Il faudrait

2

Que les trains arrivent à l'heure
Et m'arracher cette dent
De douleur

Voir Venise
Mais pas mourir
Tout de suite
Après

Il faudrait

3

Aller chercher les gosses
Leur emmener
Un goûter
Chocolat, pain d'épice

Et que les conditions
De vie
Dans les abattoirs
Soient plus humaines
Même si
Ce ne sont que des bêtes

        Il faudrait

4

Combler le trou
De la sécurité
Sociale

Et faire un don (et même plusieurs)
Qu'il y ait du soleil
Pour le moral
Et moins de guerres

5

        Aux armes de poing, aux chars d'assaut
                Je préfère
            Les coquelicots

        Il faudrait

6

Etre capable
De tirer
Parti de tout
Et même du pire

Tout recommencer à zéro
En mieux

                Il faudrait

7

Comprendre, intégrer
Une bonne fois
Pour toutes
Que les seules choses
Où tu as ton mot
A dire
C'est ton attitude

(dans la victoire comme dans la défaite)

Pour le reste
Le courant t'emporte
Toi
Et moi
Et nous tous
Nos trésors, nos secrets de pacotille et défunts « *Il faudrait* » devenus par la force des choses « *Il aurait fallu* », tombés au champ d'honneur de je ne sais quoi, quelque part dans le vide de ce qui fut

Je renonce

Avec le temps, on remise au placard
Nos costumes
d'antan

Des rêves de gosse, il y en a
Plein les armoires

Je renonce à croire qu'il n'y aurait que des bons et des méchants (même si ce serait plus simple, surtout que je serais à coup sûr parmi les « *bons* » !)

Je renonce à ne compter que sur ma bonne étoile pour me sortir de mes impasses (ça peut aider, d'y mettre du sien)

Je renonce à fonder tous mes espoirs sur un hypothétique gain au premier rang du Loto (et à y consacrer une partie conséquente de mes revenus, m'obligeant à me nourrir plus souvent qu'à mon tour de patates à l'eau)

Je renonce à visionner l'intégrale de l'Inspecteur Derrick (malgré le fait qu'elle m'ait été fortement recommandée par un ami insomniaque)

Je renonce à faire pousser de l'herbe qui fait rire dans un bac à fleurs sur mon balcon (d'ailleurs je n'ai pas de balcon)

Je renonce à m'installer en Belgique pour payer moins d'impôts

Je renonce à exercer ce nouvel usage de l'homme moderne consistant à exprimer, à propos d'un dossier complexe, un avis ferme et définitif établi à partir de la seule lecture d'un résumé de dix lignes lu sur un site Internet d'information gratuite

Je renonce par la même occasion à avoir un avis sur tout, y compris lorsque le sujet dont il est question m'est totalement étranger

Je renonce à apprendre le dictionnaire par cœur pour devenir plus fort au scrabble (je pourrais à la rigueur apprendre quelques mots commençant par W)

Je renonce à m'acheter une Rolex (et tant pis si pour certains, j'aurai raté ma vie)

Je renonce à manger dix fruits et légumes par jour (pas question de passer la moitié de mon temps à éplucher des carottes et des navets)

Je renonce à souscrire au bouquet « *prémium, version or et platine* » de mon fournisseur Internet, abonnement me donnant accès à 126 chaines TV couvrant les bouquets cinéma et séries, sport, famille, musique, international, charme et adulte (je ne suis pas absolument certain d'avoir le temps de tout regarder, ce serait du gâchis)

Je renonce à lire les 581 romans de la dernière rentrée littéraire (je me contenterai d'une vision partielle de la création littéraire française)

Je renonce à guetter le Père Noël le soir du 24 décembre, caché derrière un fauteuil (*on ne sait jamais - et si le Père Fouettard avait pris sa place sans prévenir ?!*)

Pour le reste, je ne renonce à strictement rien d'autre.

Prospective

Et si Stephen Hawking, le célèbre astrophysicien récemment disparu avait raison ? Si la seule planche de salut de l'Humanité consistait à aller voir ailleurs, sur une autre planète, si l'herbe était plus verte ?
Nous serions tous des immigrés en puissance.

Et si les scientifiques découvraient une nouvelle substance cent fois plus puissante que la déhydroépiandrostérone (DHEA) ?
L'espérance de vie serait multipliée par dix, vingt ou trente – en attendant mieux. Il n'y aurait bientôt plus que des vieux sur toute la surface du globe et les taux de natalité seraient partout en chute libre.
Les marchands de déambulateurs, de dentiers et d'œil de verre feraient fortune.
L'espèce humaine serait en voie d'extinction.

Et si Sagittarius A, le supermassif trou noir existant au cœur de notre Voie Lactée (quatre millions de fois plus gros que notre soleil, lui-même pouvant englober plus d'un million de minuscules planètes comme la notre) - et si Sagittarius A se mettait en tête de nous avaler ?

Nous ne pèserions pas plus lourd qu'un brin d'herbe au cœur d'une tempête intergalactique.

Et si, après le *Big Bang*, la théorie du *Big Crunch* s'avérait exacte ? Après une phase d'expansion de plusieurs milliards d'années, l'Univers atteindrait sa taille maximale. Il entamerait alors une seconde phase, celle de la contraction. L'Univers se refermerait alors sur lui-même, tandis que la température augmenterait d'une façon défiant l'entendement.

Avec nous à l'intérieur.

Et si d'autres êtres vivants en provenance du fin fond des étoiles - d'autres êtres supérieurement intelligents et bien plus évolués que nous - se manifestaient ?

Combien de Mythes, de Légendes et de Croyances s'effondreraient d'un coup, alors que nous en sommes toujours à lire Platon et Aristote qui étaient persuadés que l'Homme était au centre de l'Univers ?

Il nous faudrait tout reprendre depuis le début. Tout réinventer.

Et si, lors d'une paisible promenade en forêt, au moment où vous vous écartez provisoirement du sentier le temps de satisfaire un besoin naturel face à un tronc d'arbre aussi banal qu'inoffensif, et si vous disparaissiez d'un coup dans une faille spatio-temporelle ?

Vous pourriez alors vous retrouver n'importe où, n'importe quand – à Drancy en 42, en plein cœur de l'occupation ou plus loin encore, à l'époque de la guerre du feu.

Autant dire que vous avez intérêt à avoir votre portable sur vous. Histoire de prévenir que vous ne rentrerez pas dîner ce soir.

Et si une partie des innombrables disparitions inexpliquées sur toute la surface du globe étaient dues aux extraterrestres ? Qui se pourvoiraient en divers spécimen de l'espèce humaine pour les exhiber dans leurs zoos ?

Nous-mêmes agissons bien de cette façon, allant pour notre seul plaisir jusqu'à clouer de malheureux coléoptères sur une planche de bois derrière une plaque de verre.

Et si l'écriture cursive venait à disparaitre dans les prochaines décennies (voire, au train où vont les choses, dans les prochaines années), remplacée par les claviers d'ordinateur ?

Que resterait-il de nos lettres, nos poèmes adolescents, rédigés à la main sur de petits cahiers à carreaux ?

Tout deviendrait illisible. Et basculerait dans le néant.

Et si « *l'homme augmenté* » venait plus vite que prévu ? Et si nos enfants, nos petits-enfants se voyaient progressivement dotés de nano-composants électroniques ultrasophistiqués, directement implantés dans leurs cerveaux ?

Leurs capacités cognitives s'en trouveraient décuplées. Ces implants leur permettraient un accès illimité dans une sorte de « *cloud* » gigantesque, rendant instantanément le plus ignare d'entre eux mille fois plus érudit que le plus cultivé et le plus brillant de nos anciens.

De même, nos descendants verraient leurs capacités physiques considérablement améliorées ; ils seraient pourvus d'une meilleure acuité visuelle et verraient dans le noir ; ils fatigueraient moins vite et bénéficieraient d'une espérance de vie sans commune mesure avec la notre, chacun de leurs organes pouvant être dupliqué et remplacé au moindre dysfonctionnement. Des membres bioniques leur seraient greffés, ce qui leur conférerait une force herculéenne (bien supérieure à celle pouvant être acquise au terme de milliers d'heures de musculation).

A leurs yeux, nous leur apparaitrions rétrospectivement comme des ploucs du passé.

Et si, lorsque l'IA (intelligence artificielle) deviendra des milliards de fois plus intelligente que nous (c'est pour demain), les machines se mettaient à développer leur propre volonté ?

Comment croire une seule seconde que ces machines

aux capacités de raisonnement tellement plus puissantes que les nôtres resteront docilement soumises à leurs si faillibles créateurs ? Et si ces machines ultra-puissantes se mettaient en tête d'éradiquer l'humain de la surface de la planète ?
Comment pourrions-nous y résister ?

Et si l'un des dirigeants mégalos de la planète appuyait sur le fameux bouton rouge et déclenchait une cascade d'explosions nucléaires, une réaction en chaine que nul ne serait en mesure d'interrompre ?
Alors viendrait le Chaos.
Les villes ne seraient plus approvisionnées. On assisterait très vite à des scènes de pillage d'une violence inouïe. Les supermarchés – ou ce qu'il en resterait – seraient pris d'assaut par des hordes de crève-la-faim ; les survivants se barricaderaient dans leurs maisons, montant la garde à tour de rôle avec des fusils de chasse, au cas où des rodeurs ou des voisins indélicats tenteraient de voler leurs maigres réserves de nourriture (peut-être même que l'émission « *Des chiffres et des lettres* » s'en verrait perturbée).

Et si, contrairement à ce que beaucoup tentent de nous faire croire, malgré les paysages paradisiaques du bout du Monde, le bleu des lagons, les sourires enjôleurs des vahinés aux colliers de fleurs, les plaisirs de la chair et la déferlante de publicités exhibant moult gens heureux, *et si l'Enfer était ici ?* – chacun de nous condamné à mort, soit de façon violente et brutale, soit au terme d'un long et douloureux naufrage, lié à la maladie ou au vieillissement ?

Et si nous autres êtres humains, étions semblables à ces feuilles de châtaigner qui se renouvellent à chaque printemps ; chaque feuille portée par une branche, chaque branche issue d'une autre, plus massive et toutes les branches reliées à un seul et unique tronc, aux mêmes racines ?
 Le genre humain ne formerait qu'une seule et même famille.

Et si, nous qui sommes tous semblables et tous différents, et si nous ne disposions que d'une seule et même *âme* pour l'ensemble de l'espèce humaine ?

Voire une seule et même âme pour le *vivant* tout entier sur Terre ?

Et si, posées sur les plateaux de la Grande Balance Cosmique de l'Univers, nos existences pesaient moins lourd qu'un battement de cil face aux millénaires dont les plus anciens remonteraient à si loin qu'il n'en subsisterait plus rien, aucune trace ?
 Le seul morceau de bois flottant auquel nous raccrocher, quelque part dans la mouvance immatérielle de l'infinie obscurité, se limiterait aux contours étroits de l'instant présent. Toutes nos vies comme une seule et unique journée de plein soleil arrachée au néant.

Ne nous resterait plus qu'à vivre cet instant présent.
A le partager avec ceux que nous aimons.

Et si ce n'était déjà pas si mal ?

Table

Je n'Ai jamais — 5
Analogies — 13
Histoire de ma dent cariée — 21
Vin de Bordeaux Grand Cru et chemise blanche — 31
La Fosse aux ours — 45
Artiste dans l'âme — 53
Fais-le — 59
Esprit citoyen — 65
Décalages — 69
Des Inconvénients à occuper un poste à Responsabilités — 77
Des Inconvénients de l'Existence — 79
Minuscule Lexique fragmentaire et personnel — 89
Ressemblances — 101
Mamy et le Chippendale — 107
Il faudrait — 111
Je renonce — 117
Prospective — 123